„Die WW Community ist eine tolle Unterstützung. Ich poste mein Essen, teile meine Erfolge – und auch wenn es mal nicht so läuft, bekomme ich viel Zuspruch. Das motiviert unheimlich!“

WW Mitglied Martin liebt dieses Buch, weil es optimal zu seinem Leben passt. Auf Seite 6 findest du seine persönlichen Lieblingsrezepte und seine Erfolgsstory.

Inhalt

4 **Das neue WW PersonalPoints™ Programm**

6 **Martins Erfolgsgeschichte**

8 **Kalte Küche**

40 **Warme Küche**

84 **Sofa Snacks**

108 **Register**

112 **Impressum**

Rezeptinfos

3
PersonalPoints™ Wert
pro Person/Glas/Stück

3-8
PersonalPoints™ Range
pro Person/Glas/Stück

PersonalPoints™ tracken

Neu! Scannen & tracken für alle WW Mitglieder

Wir haben jedem Rezept einen QR-Code für schnelles, nahtloses Tracking in der WW App hinzugefügt. Mehr Infos findest du auf der inneren Umschlagseite.

Kochvideos ansehen

QR-Code scannen und Kochvideos entdecken.

- vegetarisch
- vegan
- glutenfrei
- laktosefrei
- nussfrei

Willkommen zum neuen **PersonalPoints™** Programm

Es ist dein Weg und du bestimmst die Richtung. Kein Plan gleicht dem anderen. Bei WW erhältst du einen personalisierten Plan, der dein Lieblingsessen, deine Ziele und deinen Stoffwechsel berücksichtigt. So kannst du abnehmen, ohne auf einen einzigen Genussmoment deines Lebens zu verzichten.

Ein Plan von dir für dich

Du sagst uns, was du gerne isst und wann und wie du dich am liebsten bewegst. Und wir erstellen dir einen individuellen Ernährungs- und Bewegungsplan.

Aktualisierte Punkteformel

Du wirst zu Lebensmitteln mit einem höheren Anteil an gesunden Fetten, Ballaststoffen sowie Eiweiß und einem geringeren Anteil an zugesetztem Zucker und gesättigten Fettsäuren geführt.

Bei diesem Programm kannst du dich satt essen

Kein Hungern – dank der ZeroPoint® Lebensmittel, die du nicht tracken musst, und der Möglichkeit, dein Budget aufzustocken.

Sina Peters, WW Expertin für Programm und Wissenschaft

„ZeroPoint Lebensmittel sind Lebensmittel, die du gern und häufig isst. Die Möglichkeit, das zu essen, was man liebt, ist einer der Gründe, warum dieses Programm so alltagstauglich ist!“

3 einfache Wege, dein Budget aufzustocken

Dein PersonalPoints Budget ist individuell auf deine Ziele abgestimmt und du entscheidest, für welche Lebensmittel du es einsetzt. Zum allerersten Mal bietet WW dir mit dem neuen Programm jetzt auch die Möglichkeit, weitere PersonalPoints in deinem Budget hinzuzufügen.

Iss Gemüse!

1 Handvoll Gemüse = 1 PersonalPoint für dein Tagesbudget (unbegrenzt). Gemüse enthält viele Ballaststoffe. Sie helfen dir dabei, länger satt zu bleiben.

Trinke Wasser!

1,75 l Wasser pro Tag = 1 PersonalPoint für dein Tagesbudget (max. 1 pro Tag). Je mehr Wasser du trinkst, desto weniger greifst du zu Saft oder Limonade.

Bleibe aktiv!

Mehr Bewegung = mehr PersonalPoints für dein wöchentliches Budget (unbegrenzt). Wie viele Punkte du verdienst, hängt von der Aktivität sowie von deinem Alter, deiner Größe, deinem Geschlecht und deinem Gewicht ab.

Im neuen PersonalPoints Programm erhält jeder eine individuelle Liste mit ZeroPoint Lebensmitteln, welche die ganz persönlichen Vorlieben berücksichtigt.

Daher kann der PersonalPoints Wert eines Rezeptes von Person zu Person variieren. Je nachdem, welche ZeroPoint Lebensmittel auf deiner Liste stehen, liegt dein PersonalPoints Wert innerhalb des ausgewiesenen Rahmens.

Minimaler PersonalPoints Wert ← **4–7** → **Maximaler PersonalPoints Wert**

Dein exakter PersonalPoints Wert wird dir in der WW App angezeigt, indem du den QR-Code auf der Rezeptseite scannst. So kannst du deine Mahlzeiten also auch direkt tracken!

Manchego-Avocado-Wraps

Zubereitungszeit 20 Min. Ziehzeit 10 Min.

7-9

298 kcal | 1245 kJ

Die WW Gesunde Küche
Die WW Kochbücher sind für alle geeignet – egal, ob du WW Mitglied bist oder dich einfach ausgewogen ernähren und einen gesunden Lifestyle etablieren möchtest. Genau hierbei helfen dir unsere leckeren Rezepte, die ganz leicht nachzukochen sind.

Infos zum Scannen & Tracken der Rezepte erhältst du auf der Umschlaginnenseite.
Mehr zu unserem ganzheitlichen PersonalPoints Programm erfährst du unter ww.com.

„Leichter über den Wolken!“

Meinen Job als Flugbegleiter mache ich mit Leidenschaft. Aber oben in der Luft, da spürt man jedes Kilo doppelt. Als mir vor ein paar Monaten meine alte Uniformjacke nicht mehr passte und ich eine neue in einer Nummer größer bestellen musste, hat mich das unheimlich geärgert. Die neue Jacke passte zwar wie angegossen. Trotzdem habe ich mich direkt bei WW Digital angemeldet. Denn auch wenn die Kleidung gut sitzt: Je mehr man wiegt, umso schwieriger ist es, sich im Flieger zu bewegen. Inzwischen habe ich 16 kg abgenommen und bin viel agiler.

QR-Code scannen und weitere motivierende Erfolgsgeschichten der WW Mitglieder entdecken.

Essen, wann ich will

In meinem Beruf arbeite ich nicht nur im Schichtdienst, sondern habe auch Bereitschaft und damit ziemlich unberechenbare Arbeitszeiten. Wenn ich nachts um 2 Uhr aufstehe, habe ich morgens um 10 Uhr schon einen Bärenhunger, so wie andere mittags oder abends. Das Gute an WW ist, dass ich essen kann, wann ich will. Dabei achte ich heute allerdings darauf, ob ich wirklich Hunger habe, und stopfe nicht zwischendurch einfach wahllos etwas in mich hinein.

Überflieger beim Sport

Sportlich war ich eigentlich immer, doch nach einer größeren OP und in einer neuen Beziehung habe ich die Couch einem Spaziergang definitiv vorgezogen. In meinem Beruf bin ich zwar viel auf den Beinen, doch echte Bewegung? Fehlanzeige! Mit meinem Start bei WW habe ich dem Sport wieder mehr Raum gegeben: Ich mache im Fitnessstudio Kurse und auch das Mountainbike habe ich wieder entmottet. Durch den Sport purzelten die Pfunde noch mal so schnell. Doch mir ist viel wichtiger, dass ich jetzt wieder Freude an der Bewegung habe.

Mit WW gut gelandet

Mit meinem Gewicht bin ich zufrieden und freue mich über mein neues Essverhalten und dass ich mich in meiner Haut wieder wohlfühle. Mein Ziel ist es, meine Gewichtsabnahme langfristig zu halten.

Meine absoluten Lieblingsrezepte:

- → **Spiegelei-Stulle mit karamellisierten Zwiebeln** (S. 22)
- → **Schnelle Pizza All-In** (S. 70)
- → **Bananen-Schoko-Mini-Muffins** (S. 97)

*Teilnehmer des WW Programms können mit einer Gewichtsabnahme von bis zu 1 kg pro Woche rechnen. Das gezeigte Mitglied hat mit einem Vorgängerprogramm abgenommen und macht weiter mit dem PersonalPoints™ Programm.

Kalte Küche

Delikatessbrötchen

Zubereitungszeit 15 Min.

10-11

437 kcal | 1827 kJ

Für 2 Personen

1 Karotte
1/4 Weißkohl
1 Zwiebel
1 kleiner säuerlicher Apfel (z. B. Boskoop)
3 EL saure Sahne
1 TL Rapsöl
1 TL heller Balsamicoessig
Salz, Pfeffer
2 Kürbiskernbrötchen
4 Scheiben Schweinebraten-aufschnitt
1 EL Röstzwiebeln
1 TL Schnittlauchringe

1 Karotte schälen und raspeln. Weißkohl putzen, den Strunk entfernen und Kohl raspeln. Zwiebel schälen und in feine Würfel schneiden. Apfel waschen, vierteln, entkernen und raspeln. Karotte, Weißkohl, Zwiebeln und Apfel mit saurer Sahne, Öl und Essig verrühren und mit Salz und Pfeffer abschmecken.

2 Brötchen aufschneiden, untere Hälften mit Schweinebraten belegen, Rohkost darauf verteilen und mit Röstzwiebeln und Schnittlauch bestreuen. Mit oberen Hälften abdecken und Delikatessbrötchen mit restlichem Rohkostsalat servieren.

Grüne Gazpacho mit Grillpaprika-Topping

Zubereitungszeit 15 Min.

6-7

250 kcal | 1045 kJ

Für 2 Personen
200 g Erbsen (TK)
2 Zucchini
1/2 Bund Frühlingszwiebeln
2 Knoblauchzehen
1 Bund Petersilie
1 EL heller Balsamicoessig
1 TL Agavendicksaft
125 g Kokosjoghurt
1 Prise Chilipulver
Salz, Pfeffer
100 g geröstete Paprika in Lake (Konserve)
1 EL Kürbiskerne

1 Erbsen ca. 10 Minuten antauen lassen. Zucchini und Frühlingszwiebeln waschen und in grobe Stücke schneiden. Knoblauch halbieren. Petersilie waschen und trocken schütteln. Erbsen, Zucchini, Frühlingszwiebeln, Knoblauch und Petersilie mit Essig, Agavendicksaft und 100 g Kokosjoghurt fein pürieren.

2 Gazpacho mit Chilipulver, Salz und Pfeffer würzen. Für das Topping Paprika abtropfen lassen und in feine Streifen schneiden. Gazpacho mit restlichem Kokosjoghurt garnieren und mit Paprika und Kürbiskernen bestreut servieren.

Ideal für Meal Prep

Bereite einfach die doppelte Menge Suppe zu. Die Gazpacho eignet sich ideal zum Mitnehmen für die Arbeit oder für deinen nächsten Feierabend.

Manchego-Avocado-Wraps

Zubereitungszeit 20 Min. Ziehzeit 10 Min.

7-9

298 kcal | 1246 kJ

Für 4 Personen
150 g Weißkohl
150 g Rotkohl
1 Karotte
1 rote Zwiebel
2 EL Limettensaft
2 TL Olivenöl
1 Prise Zucker
Salz, Pfeffer
1 TL Chilisauce (auf Tomatenbasis)
1 EL gehackter Koriander
150 g Avocado
1 Tomate
4 kleine Tortillawraps
40 g geriebener Manchego

1 Weißkohl und Rotkohl putzen, den Strunk entfernen und Kohl in feine Streifen schneiden. Karotte schälen und raspeln. Zwiebel schälen und fein würfeln. Für das Dressing Limettensaft, Öl, Zucker, Salz und Chilisauce verrühren. Kohl, Karotten und Zwiebeln mit Koriander und Dressing vermischen und ca. 10 Minuten ziehen lassen.

2 Avocado halbieren, Stein entfernen, Fruchtfleisch aus der Schale lösen und in Spalten schneiden. Tomate waschen und in Scheiben schneiden. Wraps nach Wunsch erwärmen, Kohlmischung, Avocado, Tomaten und Manchego darauf verteilen und mit Salz und Pfeffer würzen. Wraps aufrollen, dabei die Ränder einschlagen und halbieren. Manchego-Avocado-Wraps servieren.

Manchego

Der wohl bekannteste Käse Spaniens wird aus der Milch von La Mancha Schafen hergestellt. Das besondere Aroma und der fein-säuerliche Geschmack haben ihn weltberühmt gemacht.

Salat mit Pilz-Schinken-Dressing

Zubereitungszeit 10 Min. Garzeit 10 Min.

6

243 kcal | 1016 kJ

Für 2 Personen
250 g braune Champignons
150 g Pflücksalatmischung (Kühltheke)
25 g Walnüsse
70 g magere Schinkenwürfel
2 EL dunkler Balsamicoessig
1 EL Olivenöl
2 EL Gemüsebrühe (1 Prise Instantpulver)
1 TL gehackte Petersilie
Salz, Pfeffer
1 TL Balsamicocreme

1 Champignons trocken abreiben und in Scheiben schneiden. Salat waschen und trocken schleudern. Walnüsse fettfrei in einer Pfanne auf mittlerer Stufe 2–3 Minuten rösten, herausnehmen und hacken. Schinkenwürfel im Bratensatz ca. 2 Minuten anbraten, Champignons zugeben, ca. 5 Minuten mitbraten und mit Essig ablöschen.

2 Öl, Brühe und Petersilie dazugeben, mit Salz und Pfeffer würzen und mit Balsamicocreme verfeinern. Salat mit lauwarmem Dressing mischen, mit Walnüssen bestreuen und servieren.

Kiwi-Toast mit Putenbrust

Zubereitungszeit 10 Min. Garzeit 5 Min.

5-7

216 kcal | 903 kJ

Für 4 Stück
120 g Weichkäse, 30 % Fett i. Tr.
1 TL Honig
1 TL Dijon-Senf
Salz, Pfeffer
40 g Pflücksalatmischung (Kühltheke)
2 Kiwis
4 große Scheiben Vollkorntoast
8 Scheiben Putenbrustaufschnitt

1 Weichkäse mit einer Gabel zerdrücken und mit Honig und Senf verrühren. Käsecreme mit Pfeffer abschmecken. Salat waschen und trocken schleudern. Kiwis schälen und in dünne Scheiben schneiden.

2 Toasts rösten. Käsecreme auf den Toasts verstreichen und mit Salat, Putenbrustaufschnitt und Kiwis belegen. Toasts mit Salz und Pfeffer würzen und servieren.

Martins Tipp

Einfach und sehr lecker. Alle Zutaten sind meist in meinem Vorrat vorhanden und das Obst kannst du einfach nach Geschmack variieren. Mir schmeckt es mit Mango, Apfel oder Birne auch sehr gut.

Mango-Serrano-Carpaccio

Zubereitungszeit 15 Min.

9–11

384 kcal | 1605 kJ

Für 2 Personen
1 Mango (ca. 200 g)
1/2 Salatgurke
1 Kugel fettreduzierter Mozzarella
1 kleine Zwiebel
1 kleine rote Chilischote
1 Stück Ingwer (ca. 2 cm)
1 EL Limettensaft
1 TL Sesamöl
2 TL gehackte Minze
Salz
50 g Serranoschinken
2 Ecken Fladenbrot (à 50 g)

1 Mango schälen, das Fruchtfleisch vom Stein schneiden und in Spalten schneiden. Gurke waschen und in dünne Scheiben hobeln. Mozzarella trocken tupfen und in Stifte schneiden. Zwiebel schälen und in feine Würfel schneiden. Chilischote waschen, entkernen und in feine Ringe schneiden. Ingwer schälen und hacken.

2 Für das Dressing Limettensaft, Öl, Zwiebeln, Chili, Ingwer und Minze verrühren und mit Salz abschmecken. Gurke, Schinken, Mango und Mozzarella auf Tellern anrichten, mit Dressing beträufeln und mit Fladenbrot servieren.

Ingwer oder Sushi-Ingwer?

Statt frischem Ingwer kannst du als Geschmacksvariante Sushi-Ingwer verwenden. Sushi-Ingwer ist süß-sauer eingelegter Ingwer, der erfrischend scharf schmeckt.

Jetzt Video zu Küchentipp entdecken:
Mango richtig schneiden

Spiegelei-Stulle mit karamellisierten Zwiebeln

Zubereitungszeit 10 Min. Garzeit 10 Min.

7-10

306 kcal | 1279 kJ

Für 2 Personen
1 große Zwiebel
1 TL Rapsöl
1 EL brauner Zucker
2 Eier (Größe M)
Salz, Pfeffer
60 g Gewürzgurken
2 Scheiben Vollkornbrot
2 TL Halbfettmargarine
2 TL süßer Senf

1 Zwiebel schälen und in Ringe schneiden. Öl in einer Pfanne auf hoher Stufe erhitzen und Zwiebeln darin ca. 3 Minuten anbraten. Zucker dazugeben, Zwiebeln 3–5 Minuten karamellisieren und herausnehmen. Eier im Bratensatz ca. 3 Minuten zu Spiegeleiern braten und mit Salz und Pfeffer würzen.

2 Gurken in Scheiben schneiden. Brot mit Margarine und Senf bestreichen, mit Gurken, Spiegeleiern und Zwiebeln belegen und servieren.

Martins Tipp

Die karamellisierten Zwiebeln sind wirklich köstlich! Anstelle von Brot habe ich ein Brötchen verwendet und mir einen Spiegelei-Burger mit karamellisierten Zwiebeln gezaubert.

Gut kombiniert

Dazu schmeckt ein frischer Tomatensalat mit WW Balsamico Dressing.

Martins
Lieblingsrezept

Caesarsalat mit Stremellachs

Zubereitungszeit 10 Min. Garzeit 15 Min.

4–10

354 kcal | 1480 kJ

Für 4 Personen
4 Eier (Größe M)
4 Scheiben Ciabatta (à 25 g)
4 TL Olivenöl
1 Knoblauchzehe
1 EL geriebener Parmesan
Salz, Pfeffer
2 Römersalatherzen
180 g Stremellachs
2 Sardellenfilets in Salzlake
100 g griechischer Joghurt, Natur, bis 0,2 % Fett
40 g Salatcreme, bis 10 % Fett
1 TL Worcestersauce
1 TL Dijon-Senf
2 EL Zitronensaft
2 TL Kapern

1 Backofen auf 200° C (Gas: Stufe 3, Umluft: 180° C) vorheizen. Eier in kochendem Wasser 8–10 Minuten hart kochen, abschrecken, pellen und halbieren. Ciabatta in 4 Scheiben schneiden, auf ein mit Backpapier ausgelegtes Backblech legen und mit 2 TL Öl bestreichen. Ciabatta mit Knoblauch einreiben und restlichen Knoblauch pressen. Ciabatta mit Parmesan bestreuen, mit Salz und Pfeffer würzen und im Backofen auf mittlerer Schiene 10–15 Minuten rösten.

2 Salat waschen, trocken schleudern und in Blätter zerteilen. Lachs in Stücke zerteilen. Für das Dressing Sardellen hacken und mit Joghurt, Salatcreme, restlichem Öl, Worcestersauce, Senf, Zitronensaft und Knoblauch verrühren.

3 Geröstetes Ciabatta in Würfel schneiden und mit Salat, Kapern, Lachs und Dressing vermischen. Caesarsalat mit Salz und Pfeffer würzen, Eierhälften darauf anrichten und servieren.

Pumpernickel-Happen

Zubereitungszeit 15 Min. Garzeit 10 Min.

3–5

148 kcal | 619 kJ

Für 4 Stück

1 Ei (Größe M)
1 Tomate
50 g Frischkäse, bis 5 % Fett absolut
2 EL saure Sahne
2 TL gehackter Dill
Salz, Pfeffer
50 g Schafskäse, 25 % Fett i. Tr.
12 runde Scheiben Pumpernickel (à 9 g)
8 Scheiben Geflügelbrustaufschnitt
8 Scheiben Salatgurke

1 Ei in kochendem Wasser 8–10 Minuten hart kochen, abschrecken, pellen und in Scheiben schneiden. Tomate waschen und in Scheiben schneiden. Für die Creme Frischkäse, saure Sahne und 1 TL Dill verrühren, mit Salz und Pfeffer würzen, Schafskäse zerbröseln und unterheben.

2 4 Pumpernickelscheiben mit etwas Creme bestreichen und mit je 2 Scheiben Geflügelbrustaufschnitt und Gurke belegen. 4 Pumpernickelscheiben darauflegen, mit etwas Creme bestreichen und mit je 1 Tomatenscheibe belegen. Restliche Pumpernickelscheiben auflegen, mit restlicher Creme bestreichen und mit Eischeiben belegen. Pumpernickel-Happen mit restlichem Dill bestreuen und mit restlicher Creme, Ei und Tomate servieren.

Brotsalat mit Mozzarella und getrockneten Tomaten

Zubereitungszeit 15 Min.   Garzeit 5 Min.

7-9

321 kcal | 1342 kJ

Für 2 Personen

3 Scheiben Ciabatta (à 25 g)
30 g getrocknete Tomaten ohne Öl
1 rote Zwiebel
100 g Physalis
100 g Rucola
12 fettreduzierte Mozzarella-Minis
1 Knoblauchzehe
1 EL Olivenöl
1 EL Weißweinessig
1 EL Traubensaft
1 TL italienische Kräuter (TK)
Salz, Pfeffer

1 Ciabatta würfeln. Eine Pfanne auf mittlerer Stufe erhitzen und Ciabatta darin fettfrei ca. 3 Minuten rundherum rösten. Tomaten in feine Streifen schneiden. Zwiebel schälen und in Ringe schneiden. Physalis waschen und vierteln. Rucola waschen und trocken schleudern. Mozzarella trocken tupfen.

2 Für das Dressing Knoblauch pressen und mit Öl, Essig, Traubensaft, Kräutern, Salz und Pfeffer verrühren. Mozzarella, Physalis, Tomaten, Zwiebeln und Rucola mit Dressing und Ciabatta mischen und Brotsalat servieren.

Obazda-Schnitten mit Radi-Apfel-Salat

Zubereitungszeit 15 Min.

9–11

365 kcal | 1526 kJ

Für 2 Personen

1/2 Bund Radieschen
2 süß-säuerliche Äpfel (z. B. Braeburn)
1 TL Rapsöl
2 EL Apfelsaft
2 EL Apfelessig
1 TL Petersilie
Salz, Pfeffer
80 g Camembert, 30 % Fett i. Tr.
1 EL Halbfettmargarine
2 EL saure Sahne
2 TL süßer Senf
1 TL Kümmel
1 Msp. Paprikapulver
2 Scheiben Vollkornbrot

1 Radieschen waschen und in Scheiben schneiden. Äpfel waschen, vierteln, entkernen und in Stücke schneiden. Für das Dressing Öl, Apfelsaft, Essig und Petersilie verrühren und mit Salz und Pfeffer abschmecken. Radieschen und Apfel mit Dressing vermischen.

2 Für den Obazda Camembert würfeln, mit einer Gabel zerdrücken und mit Margarine, saurer Sahne, Senf, 1/2 TL Kümmel und Paprikapulver verrühren. Mit Salz und Pfeffer abschmecken und Brotscheiben mit Obazda bestreichen. Schnitten mit restlichem Kümmel bestreuen und mit Radi-Apfel-Salat servieren.

Mais-Thunfisch-Salat mit Himbeerdressing

Zubereitungszeit 15 Min.

5-7

320 kcal | 1338 kJ

Für 2 Personen

1/2 Bund Frühlingszwiebeln
1 rote Paprika
200 g Tomaten
2 EL Orangensaft
1 EL Rapsöl
1 EL Himbeerkonfitüre
1 EL heller Balsamicoessig
2 EL Gemüsebrühe
(1 Prise Instantpulver)
Salz, Pfeffer
1 Msp. Paprikapulver
1 kleine Dose Mais
(140 g Abtropfgewicht)
1 Dose Thunfisch im eigenen Saft (150 g Abtropfgewicht)
1 Tüte WW Tortilla Chips leicht gesalzen

1 Frühlingszwiebeln waschen und in Ringe schneiden. Paprika waschen, entkernen und in Würfel schneiden. Tomaten waschen und in Würfel schneiden. Für das Dressing Orangensaft, Öl, Konfitüre, Essig und Brühe verrühren und mit Salz, Pfeffer und Paprikapulver würzen.

2 Mais abtropfen lassen und Thunfisch abgießen. Mais, Thunfisch, Frühlingszwiebeln, Paprika und Tomaten mischen und mit Dressing beträufeln. Tortillachips darüberbröseln und Salat servieren.

Salziger Genuss

Leicht gesalzen und knusprig sind die WW Tortilla Chips ideal zum Dippen von Salsa und Dips oder als knackiger Sofa-Snack. In Salaten sorgen sie für Würze und den besonderen Biss. Erhältlich im WW Studio oder unter wwshop.de.

Geflügel-Apfel-Wraps mit Gouda

Zubereitungszeit 15 Min.

6–8

288 kcal | 1204 kJ

Für 2 Personen
4 Blätter Kopfsalat
1 Stange Staudensellerie
1 süßlicher Apfel (z. B. Gala)
40 g Gouda, 30 % Fett i. Tr.
2 kleine Vollkorn-Tortillawraps
1 EL körniger Senf
100 g Geflügelbrustaufschnitt

1 Salat waschen und trocken schleudern. Sellerie waschen und in Stifte schneiden. Apfel waschen, vierteln, entkernen und Apfel in dünne Stifte schneiden. Käse in Streifen schneiden.

2 Wraps nach Wunsch erwärmen, mit Senf bestreichen und mit Salat, Sellerie, Apfel, Geflügelbrustaufschnitt und Käse belegen. Wraps aufrollen, halbieren und genießen.

So gelingt's

Wraps kannst du ganz einfach kurz in der Mikrowelle erwärmen – so bleiben sie weich und du kannst sie problemlos falten oder rollen.

Griechischer Kritharaki-Salat

Zubereitungszeit 10 Min. Garzeit 10 Min.

10

359 kcal | 1501 kJ

Für 4 Personen
250 g trockene Kritharakinudeln
Salz, Pfeffer
400 g Cocktailtomaten
1 Salatgurke
50 g entsteinte schwarze Oliven in Lake
1 unbehandelte Zitrone
1 EL Olivenöl
80 g Schafskäse, 25 % Fett i. Tr.

1 Nudeln nach Packungsanweisung in Salzwasser garen und abgießen. Tomaten waschen und halbieren. Gurke waschen, in Würfel schneiden und mit Nudeln, Tomaten und Oliven vermischen.

2 Für das Dressing 1 TL Zitronenschale abreiben, Zitrone auspressen und Zitronenschale, -saft, Öl, Salz und Pfeffer verrühren. Kritharaki-Salat mit Dressing mischen, Schafskäse darüberbröseln und servieren.

Ideal zum Vorbereiten und Mitnehmen

Der griechische Salat hält sich im Kühlschrank 2–3 Tage und lässt sich daher super vorbereiten. Praktisch zum Mitnehmen ins Büro oder für eine Party.

Lachs-Avocado-Sandwich

Zubereitungszeit 15 Min. Garzeit 5 Min.

7-14

491 kcal | 2052 kJ

Für 4 Stück
100 g Avocado
1/4 Salatgurke
4 große Scheiben Vollkorntoast
4 EL saure Sahne
1 TL gehackter Dill
1 Msp. abgeriebene unbehandelte Zitronenschale
Salz, Pfeffer
125 g Stremellachs
1/2 Beet Kresse

1 Avocado halbieren, Stein entfernen, Fruchtfleisch aus der Schale lösen und in Spalten schneiden. Gurke waschen und in dünne Scheiben schneiden. Toasts rösten. Für die Creme saure Sahne mit Dill und Zitronenschale verrühren und mit Salz und Pfeffer abschmecken.

2 Lachs in Stücke zerteilen. Kresse vom Beet schneiden. Toasts mit Creme bestreichen, 2 Scheiben mit Avocado, Gurken, Lachs und Kresse belegen und mit restlichen Toastscheiben abdecken. Lachs-Avocado-Sandwich diagonal halbieren und servieren.

Stremel- oder Räucherlachs?

Du kannst den Stremellachs auch durch Räucherlachs ersetzen, die PersonalPoints™ Range verändert sich nicht. Stremellachs wird im Gegensatz zu Räucherlachs heiß geräuchert. Aber egal was dir besser schmeckt, beide Sorten sind super gesund und strotzen vor Omega-3-Fettsäuren.

Jetzt Video zu Küchentipp entdecken:
Avocado schälen und schneiden

LIEBE

Warme Küche

Aprikosenhähnchen mit Spitzkohlgemüse

Zubereitungszeit 15 Min. Garzeit 20 Min.

6-8

342 kcal | 1430 kJ

Für 2 Personen
500 g Spitzkohl
1 EL Halbfettmargarine
2 EL Mehl
300 ml Gemüsebrühe
(1 1/2 TL Instantpulver)
2 Hähnchenbrustfilets
(à 120 g)
Salz, Pfeffer
1 Knoblauchzehe
1 EL Aprikosenkonfitüre
1 TL Rapsöl
3 EL Crème légère
1 TL gehackter Dill
1 TL Senf

1 Spitzkohl putzen, vierteln, den Strunk entfernen und Kohl in Streifen schneiden. Margarine in einem Topf schmelzen, Mehl zugeben, anschwitzen, mit Brühe ablöschen und unter Rühren aufkochen. Spitzkohl zufügen und auf mittlerer Stufe ca. 15 Minuten garen.

2 Hähnchenbrustfilets trocken tupfen und salzen. Knoblauch pressen und mit Aprikosenkonfitüre verrühren. Öl in einer Pfanne auf mittlerer Stufe erhitzen, Hähnchenbrustfilets darin ca. 5 Minuten von jeder Seite braten, mit Knoblauch-Konfitüre-Mischung bestreichen und mit Salz und Pfeffer würzen.

3 Kohl mit Crème légère, Dill und Senf verfeinern und mit Salz und Pfeffer würzen. Aprikosenhähnchen mit Spitzkohlgemüse servieren.

Gemüsecurry mit Wirsing

Zubereitungszeit 15 Min. Garzeit 15 Min.

10

318 kcal | 1329 kJ

Für 4 Personen
1 rote Paprika
1 große Karotte
1 Stück Ingwer (ca. 2 cm)
200 g trockene Mie-Nudeln
1 EL rote Currypaste
700 ml vegane Gemüsebrühe (3 TL Instantpulver)
200 ml fettreduzierte Kokosmilch
1/2 Wirsing (ca. 450 g)
1/2 unbehandelte Limette
Salz, Pfeffer
2 EL gehackter Koriander

1 Paprika waschen, entkernen und in feine Streifen schneiden. Karotte schälen und in Stifte schneiden. Ingwer schälen und reiben. Nudeln, Paprika, Karotten, Ingwer, Currypaste, Brühe und Kokosmilch in einem großen Topf auf hoher Stufe aufkochen und ca. 10 Minuten garen.

2 Wirsing putzen, halbieren, den Strunk entfernen und Wirsing in feine Streifen schneiden. Limettenschale abreiben und Limettenhälfte auspressen. Wirsing zu den Nudeln geben, ca. 5 Minuten mitgaren, mit Limettenschale und -saft verfeinern und mit Salz und Pfeffer abschmecken. Gemüsecurry mit Koriander garnieren und servieren.

Omelette mit Ofengemüse

Zubereitungszeit 10 Min. Garzeit 20 Min.

5-11

385 kcal | 1610 kJ

Für 2 Personen
je 1 rote und gelbe Paprika
250 g braune Champignons
2 TL Olivenöl
1 EL gemischte Kräuter (TK)
Salz, Pfeffer
4 Eier (Größe M)
3 EL geriebener Parmesan
1 Prise geriebene Muskatnuss
1 TL Rapsöl
6 Blätter Basilikum
1 TL Balsamicocreme

1 Backofen auf 200° C (Gas: Stufe 3, Umluft: 180° C) vorheizen. Paprika waschen, entkernen und in kleine Stücke schneiden. Pilze trocken abreiben und vierteln. Paprika und Pilze mit Olivenöl, Kräutern und Salz mischen und in eine Auflaufform (ca. 15 x 20 cm) geben. Gemüse im Backofen auf mittlerer Schiene 15–20 Minuten garen.

2 Eier mit 2 EL Parmesan, Salz, Pfeffer und Muskatnuss verquirlen. Rapsöl in einer Pfanne auf mittlerer Stufe erhitzen und aus der Eimasse darin nacheinander 2 Omelettes braten, dabei mit Deckel 5–7 Minuten stocken lassen.

3 Basilikum waschen und trocken schütteln. Ofengemüse mit restlichem Parmesan verfeinern. Omelettes auf Teller geben, Gemüse darauf verteilen, mit Pfeffer würzen und zusammenklappen. Omelettes mit Balsamicocreme beträufeln, mit Basilikum bestreuen und genießen.

Zitronen-Kräuter-Thunfisch

Zubereitungszeit 10 Min.   Garzeit 25 Min.

3-9

397 kcal | 1663 kJ

Für 4 Personen
600 g festkochende Kartoffeln
4 TL Olivenöl
1 TL getrockneter Thymian
1 TL getrockneter Oregano
Salz, Pfeffer
2 unbehandelte Zitronen
4 Thunfischsteaks (à 125 g)
3 EL geriebener Parmesan
150 g Rucola
400 g Cocktailtomaten
1 TL Senf
1/4 Bund Basilikum

1 Backofen auf 220° C (Gas: Stufe 4, Umluft: 200° C) vorheizen. Kartoffeln waschen, in Würfel schneiden und mit 1 TL Öl, Thymian, Oregano, Salz und Pfeffer vermischen. Kartoffeln in eine Auflaufform (ca. 20 x 30 cm) geben und im Backofen auf mittlerer Schiene ca. 15 Minuten garen.

2 Zitronenschale abreiben, 1 Zitrone auspressen und restliche Zitrone in Scheiben schneiden. Thunfisch abspülen, trocken tupfen und mit 1 TL Öl, Zitronenschale, Salz und Pfeffer vermischen. Kartoffeln mit Parmesan bestreuen, Thunfisch und Zitronenscheiben zu den Kartoffeln geben und weitere ca. 10 Minuten backen.

3 Für den Salat Rucola waschen und trocken schleudern. Tomaten waschen und halbieren. Restliches Öl, Zitronensaft, Senf, Salz und Pfeffer verrühren und mit Rucola und Tomaten vermischen. Basilikum waschen, trocken schütteln und Blätter abzupfen. Zitronen-Kräuter-Thunfisch und Kartoffeln mit Basilikum garnieren und mit Salat genießen.

Wärmende Linsen-Tomaten-Suppe

Zubereitungszeit 10 Min. Garzeit 20 Min.

2-5

281 kcal | 1175 kJ

Für 4 Personen

1 Zwiebel
2 Knoblauchzehen
1 Stück Ingwer (ca. 3 cm)
3 Karotten
1 TL Olivenöl
1 EL Paprikamark (ersatzweise Tomatenmark)
200 g trockene rote Linsen
500 ml Gemüsebrühe (2 TL Instantpulver)
400 g geschälte Tomaten (Konserve)
1 Lorbeerblatt
2 Scheiben Vollkornbrot
1 TL gemahlener Koriander
1 Msp. geräuchertes Paprikapulver
Salz, Pfeffer
1 EL gehackte Petersilie

1 Zwiebel schälen und würfeln. Knoblauch halbieren. Ingwer schälen und reiben. Karotten schälen und in Stücke schneiden. Öl in einem Topf auf mittlerer Stufe erhitzen und Zwiebeln, Knoblauch und Ingwer darin ca. 3 Minuten anbraten. Paprikamark und Linsen zufügen und ca. 2 Minuten mitbraten. Mit Brühe und Tomaten ablöschen, Karotten und Lorbeerblatt zufügen und ca. 15 Minuten köcheln lassen.

2 Brot würfeln. Eine Pfanne auf mittlerer Stufe erhitzen und Brotwürfel darin fettfrei ca. 5 Minuten rösten. Lorbeerblatt entfernen, Suppe fein pürieren und mit Koriander, Paprikapulver, Salz und Pfeffer würzen. Suppe mit Brotwürfeln und Petersilie bestreut servieren.

Praktisch und flexibel

Lässt sich gut in großer Menge zubereiten und portioniert einfrieren. Die Suppeneinlagen lassen sich variieren, zum Beispiel Mini-Mozzarella, gebratene Hähnchenbruststreifen oder geröstete Kerne-Mischung.

Mexikanische Reispfanne

Zubereitungszeit 10 Min. Garzeit 25 Min.

9–11

459 kcal | 1920 kJ

Für 4 Personen

1 kleine Zwiebel
2 rote Paprika
1 TL Rapsöl
400 g Tatar
2 EL Fajitagewürz
1 Dose schwarze Bohnen (240 g Abtropfgewicht)
1 kleine Dose Mais (140 Abtropfgewicht)
160 g trockener Basmatireis
400 g stückige Tomaten (Konserve)
400 ml Geflügelfond
Salz, Pfeffer
50 g geriebener Käse, 30 % Fett i. Tr.
1 Limette
2 EL gehackter Koriander
50 g saure Sahne

1 Zwiebel schälen und in Würfel schneiden. Paprika waschen, entkernen und in Streifen schneiden. Öl in einer tiefen Pfanne auf mittlerer bis hoher Stufe erhitzen und Tatar mit Zwiebeln darin ca. 5 Minuten braten. Mit Fajitagewürz würzen und ca. 1 Minute mitbraten.

2 Bohnen abspülen und mit Mais abtropfen lassen. Reis, Bohnen, Paprika, Mais, Tomaten und Fond zum Tatar geben, mit Salz und Pfeffer würzen, aufkochen und auf niedriger Stufe ca. 15 Minuten köcheln lassen.

3 Käse über die Reispfanne streuen, vom Herd nehmen und 3–5 Minuten schmelzen lassen. Limette in Spalten schneiden. Reispfanne mit Koriander bestreuen und mit saurer Sahne und Limettenspalten servieren.

Fajitagewürz …

… ist eine mexikanische Würzmischung, die du in gut sortierten Supermärkten bekommst. Alternativ kannst du die Reispfanne aber auch mit Kreuzkümmel, Chiliflocken und Paprikapulver würzen.

Ofenfisch mit Romanesco-Bohnen-Püree

Zubereitungszeit 10 Min. Garzeit 15 Min.

4-7

430 kcal | 1799 kJ

Für 2 Personen
2 Kabeljaufilets (à 125 g)
2 EL Zitronensaft
1 TL Olivenöl
1 TL gehackter Thymian
1 Prise Chiliflocken
Salz, Pfeffer
1 Romanesco (ca. 600 g)
1 Dose weiße Bohnen (255 g Abtropfgewicht)
125 ml fettarme Milch
1 Msp. geriebene Muskatnuss
75 g griechischer Joghurt, Natur, bis 0,2 % Fett
1 EL gehackte Petersilie
2 EL Röstzwiebeln

1 Backofen auf 180° C (Gas: Stufe 2, Umluft: 160° C) vorheizen. Kabeljaufilets abspülen und trocken tupfen. 1 EL Zitronensaft mit Öl, Thymian, Chiliflocken, Salz und Pfeffer verrühren, Kabeljaufilets damit bestreichen, in eine Auflaufform (ca. 15 x 20 cm) geben und im Backofen auf mittlerer Schiene ca. 15 Minuten garen.

2 Romanesco waschen, in Röschen teilen und in Salzwasser 10–15 Minuten garen. Bohnen abspülen und abtropfen lassen. Romanesco abgießen, Bohnen zufügen, mit Milch zerstampfen und mit Muskatnuss, Salz und Pfeffer würzen. Joghurt und Petersilie verrühren und mit Salz und Pfeffer würzen. Ofenfisch mit Püree anrichten, mit Joghurtsauce beträufeln und mit Röstzwiebeln bestreut servieren.

Leckere Resteverwertung

Doppelte Menge Püree zubereiten, Rest am nächsten Tag mit Gemüsebrühe erhitzen und als Suppe mit Vollkornbrot genießen. Oder: Restliches Püree mit Ei und etwas Mehl vermischen und Puffer daraus braten.

Knuspriger Sesamtofu mit Kimchi

Zubereitungszeit 20 Min. Garzeit 5 Min.

5-11

456 kcal | 1910 kJ

Für 1 Person
100 g Tofu
1 Ei (Größe M)
1/2 EL Maismehl
je 1 TL schwarzer und heller Sesam
1 TL Rapsöl
1/4 Salatgurke
2 Frühlingszwiebeln
1 TL helle Misopaste
1/2 EL Mirin (Reiswein)
1 TL Sesamöl
1 TL kaltes Wasser
40 g Kimchi

1 Tofu trocken tupfen und in 2 cm große Würfel schneiden. Ei in einem tiefen Teller verquirlen. Mehl in einem weiteren tiefen Teller verteilen. Sesam in einem dritten tiefen Teller verteilen. Tofu zuerst in Mehl, danach in Ei und anschließend in Sesam wenden. Rapsöl in einer Pfanne auf mittlerer bis hoher Stufe erhitzen und Tofu darin ca. 5 Minuten rundherum braten.

2 Gurke waschen und mit einem Sparschäler in dünne Streifen schneiden. Frühlingszwiebeln waschen und in Ringe schneiden. Für das Dressing Misopaste, Mirin, Sesamöl und Wasser verrühren. Kimchi, Gurke und Tofu auf einem Teller verteilen, mit Dressing beträufeln und mit Frühlingszwiebeln garniert servieren.

Gnocchi-Spinat-Auflauf mit Pute

Zubereitungszeit 10 Min. Garzeit 25 Min.

11–12

453 kcal | 1896 kJ

Für 4 Personen
500 g Blattspinat (TK)
400 g Putenschnitzel
2 EL Erdnusscreme
3 EL Sojasauce
1 EL Honig
1 TL Rapsöl
400 g Gnocchi (Frischprodukt)
1 Kugel fettreduzierter Mozzarella
100 g Sojacreme
1/2 TL Curry
Salz, Pfeffer

1 Backofen auf 200° C (Gas: Stufe 3, Umluft: 180° C) vorheizen. Spinat auftauen lassen und überschüssige Flüssigkeit ausdrücken. Putenschnitzel trocken tupfen und in Streifen schneiden. Erdnusscreme, Sojasauce und Honig verrühren und mit Schnitzelstreifen vermischen. Öl in einer Pfanne auf mittlerer Stufe erhitzen und Schnitzelstreifen darin ca. 5 Minuten rundherum anbraten. Gnocchi dazugeben und ca. 5 Minuten mitbraten.

2 Mozzarella trocken tupfen und in Scheiben schneiden. Sojacreme mit Curry, Salz und Pfeffer verrühren. Spinat in eine Auflaufform (ca. 20 x 30 cm) geben, Gnocchimischung dazugeben und Soja-Curry-Creme angießen. Auflauf mit Mozzarella belegen und im Backofen auf mittlerer Schiene ca. 15 Minuten backen. Auflauf genießen.

Martins Tipp

Der Spinat muss gut ausgedrückt werden, da es sonst wässrig wird. Ich habe geriebenen Mozzarella verwendet, das hat auch super funktioniert.

Rote-Bete-Tacos mit Guacamole und Garnelen

Zubereitungszeit 15 Min. Garzeit 5 Min.

3-7

251 kcal | 1050 kJ

Für 4 Stück

1 Tomate
1 rote Chilischote
1 Salatgurke
200 g Rote Bete Würfel (Konserve)
1/2 unbehandelte Orange
200 g küchenfertige Garnelen
1 TL Rapsöl
Salz, Pfeffer
150 g Avocado
1 Knoblauchzehe
50 g fettarmer Joghurt
2 EL gehackter Koriander
4 Tacoschalen

1 Tomate waschen und in kleine Würfel schneiden. Chilischote waschen, entkernen und in Ringe schneiden. Gurke waschen und in Würfel schneiden. Rote Bete abtropfen lassen. Orangenschale abreiben und Orangenhälfte auspressen.

2 Garnelen abspülen und trocken tupfen. Öl in einer Pfanne auf mittlerer Stufe erhitzen und Garnelen darin ca. 3 Minuten rundherum anbraten. Mit 2 EL Orangensaft ablöschen, salzen und pfeffern.

3 Für die Guacamole Avocado halbieren, Stein entfernen, Fruchtfleisch aus der Schale lösen mit Knoblauch, restlichem Orangensaft und Orangenschale pürieren. Mit Joghurt, Tomaten, Chili und Koriander verrühren und mit Salz und Pfeffer würzen. Tacoschalen nach Packungsanweisung erwärmen, mit Guacamole bestreichen, mit Roter Bete, Gurken und Garnelen füllen und mit restlicher Guacamole und restlichem Gemüse servieren.

Jetzt Video zu Küchentipp entdecken:
Avocado schälen und schneiden

Goldenes Curry mit Tofu

Zubereitungszeit 15 Min. Garzeit 20 Min.

10-13

424 kcal | 1014 kJ

Für 4 Personen

2 Schalotten
15 g Ingwer
2 Knoblauchzehen
1 rote Chilischote
1/4 Bund Koriander
2 EL Wasser
1 rote Paprika
1 TL Rapsöl
1 TL Kurkuma
250 g Kürbis (TK)
700 ml vegane, heiße Gemüsebrühe (3 TL Instantpulver)
250 g Tofu
150 g kleine braune Champignons
200 ml fettreduzierte Kokosmilch
100 g Baby-Blattspinat
200 g trockene Reisnudeln
2 Limetten
1 EL Sojasauce
Salz, Pfeffer

1 Schalotten und Ingwer schälen und mit Knoblauch grob hacken. Chilischote waschen, entkernen und grob hacken. Koriander waschen, trocken schütteln, Blätter abzupfen und Stiele grob hacken. Für die Currypaste Schalotten, Ingwer, Knoblauch, Chili und Korianderstiele mit Wasser pürieren.

2 Paprika waschen, entkernen und in Würfel schneiden. Öl in einer tiefen Pfanne auf mittlerer Stufe erhitzen. Currypaste, Paprika und Kurkuma darin ca. 3 Minuten anbraten. Kürbis zufügen. Brühe angießen und aufkochen. Gemüse mit Deckel auf niedriger Stufe ca. 10 Minuten köcheln lassen.

3 Tofu trocken tupfen und in 2 cm große Würfel schneiden. Champignons trocken abreiben. Tofu, Champignons und Kokosmilch zur Pfanne geben und mit Deckel weitere ca. 5 Minuten köcheln lassen.

4 Spinat waschen und trocken schleudern. Spinat mit Nudeln zur Pfanne geben und weitere ca. 2 Minuten garen. 1 Limette auspressen und restliche Limette vierteln. Curry mit Sojasauce und Limettensaft verfeinern und mit Salz und Pfeffer abschmecken. Goldenes Curry mit Reisnudeln auf Schüsseln verteilen, mit Korianderblättern und Limettenvierteln garnieren und servieren.

Thailändische Fischfrikadellen

Zubereitungszeit 15 Min. Garzeit 5 Min.

3-5

264 kcal | 1106 kJ

Für 1 Person

1/2 unbehandelte Limette
je 1 rote und grüne Chilischote
4 Mini-Gurken
1 EL Fischsauce
1 TL Reisessig
1 TL Zucker
1 Knoblauchzehe
Salz, Pfeffer
1 kleine rote Zwiebel
4 Radieschen
4 EL gehackter Koriander
125 g Schellfischfilet
1 TL rote Currypaste
1 TL Rapsöl

1 Limettenschale abreiben und Limettenhälfte auspressen. Chilischoten waschen, entkernen und in feine Ringe schneiden. Gurken waschen, 1/2 Gurke sehr fein würfeln und restliche Gurken längs vierteln. Für den Dip 1/2 EL Fischsauce, 2 TL Limettensaft, Essig und 1/2 TL Zucker verrühren. Knoblauch dazupressen, rote Chiliringe und Gurkenwürfel zufügen und mit Salz und Pfeffer würzen.

2 Für den Salat Zwiebel schälen und in dünne Streifen schneiden. Radieschen waschen und fein würfeln. Gurkenviertel, Zwiebeln, Radieschen, 3 EL Koriander und restlichen Limettensaft vermischen und mit Salz und Pfeffer würzen.

3 Schellfisch abspülen, trocken tupfen, würfeln und mit Currypaste, restlichem Zucker, restlicher Fischsauce und Limettenschale pürieren. Fischpüree mit grünen Chiliringen und restlichem Koriander vermischen und aus der Masse 6 kleine Frikadellen formen. Öl in einer Pfanne auf mittlerer Stufe erhitzen und Fischfrikadellen darin ca. 2 Minuten von jeder Seite braten. Fischfrikadellen mit Salat und Dip servieren.

Frikadellen auf Vorrat

Direkt in doppelter oder vierfacher Menge zubereiten, die Fischfrikadellen lassen sich roh oder gebraten einfrieren und bis zu drei Monate aufbewahren.

Feierabendsuppe

Zubereitungszeit 15 Min. Garzeit 15 Min.

6–10

446 kcal | 1867 kJ

Für 2 Personen

1 Zwiebel
300 g festkochende Kartoffeln
3 Stangen Staudensellerie
3 Karotten
1 TL Rapsöl
500 ml vegane Gemüsebrühe (2 TL Instantpulver)
400 g passierte Tomaten (Konserve)
100 g Erbsen (TK)
100 g trockene Suppennudeln
Salz, Pfeffer
1 TL Tabasco
1 EL gehacktes Basilikum

1 Zwiebel schälen und fein würfeln. Kartoffeln schälen und in Würfel schneiden. Sellerie waschen und in Scheiben schneiden. Karotten schälen und in Scheiben schneiden.

2 Öl in einem Topf auf mittlerer Stufe erhitzen und Zwiebeln darin ca. 4 Minuten anbraten. Kartoffeln, Sellerie und Karotten dazugeben und auf hoher Stufe 2–3 Minuten mitbraten. Mit Brühe und Tomaten ablöschen und 3-5 Minuten garen.

3 Gefrorene Erbsen und Nudeln zugeben und 5–7 Minuten mitgaren. Suppe mit Salz, Pfeffer und Tabasco würzen und mit Basilikum bestreut servieren.

Titelrezept

Spaghetti mit Tomaten-Hähnchen-Sauce und Gurkensalat

Zubereitungszeit 15 Min. Garzeit 15 Min.

3-8

403 kcal | 1688 kJ

Für 2 Personen
150 g Hähnchenbrustfilet
1 Zwiebel
1 Zucchini
2 TL Rapsöl
400 g stückige Tomaten (Konserve)
1/2 TL getrockneter Oregano
Salz, Pfeffer
100 g trockene WW Linsen-spaghetti
1 Salatgurke
1/2 rote Chilischote
1 EL Limettensaft
2 EL heller Balsamicoessig
1 Prise Zucker
2 EL gehackte Petersilie

1 Hähnchenbrustfilet trocken tupfen und in dünne Streifen schneiden. Zwiebel schälen und fein würfeln. Zucchini waschen und in Würfel schneiden. Öl in einer Pfanne auf mittlerer bis hoher Stufe erhitzen und Hähnchen darin ca. 3 Minuten rundherum anbraten. Zucchini und Zwiebeln dazugeben und ca. 3 Minuten mitbraten. Mit Tomaten ablöschen, mit Oregano verfeinern, mit Salz und Pfeffer würzen und Sauce 5–8 Minuten köcheln lassen.

2 Nudeln nach Packungsanweisung in Salzwasser garen. Gurke waschen, längs halbieren und in dünne Scheiben schneiden. Chilischote waschen, entkernen und in Ringe schneiden. Für das Dressing Limettensaft, Essig und Zucker verrühren und mit Salz und Pfeffer abschmecken. Gurke, Petersilie und Chili mit Dressing vermischen.

3 Nudeln abgießen, dabei ca. 70 ml Nudelwasser auffangen und mit der Sauce verrühren. Spaghetti auf 2 Teller verteilen, mit Tomaten-Hähnchen-Sauce anrichten und mit Gurkensalat servieren.

On top!

Für 2 PersonalPoints™ pro Person vor dem Servieren mit 1 EL geriebenem Cheddar bestreuen.

Schnelle Pizza All-In

Zubereitungszeit 5 Min. Garzeit 25 Min.

4-6

217 kcal | 909 kJ

Für 8 Stücke
1 rote Paprika
1 kleine Dose Mais (140 g Abtropfgewicht)
50 g entsteinte schwarze Oliven in Lake
100 g gekochter Schinken
75 g Weizenvollkornmehl
100 g Mandelmehl
4 Eier (Größe M)
200 g Hüttenkäse, bis 5 % absolut
100 ml fettarme Milch
Salz, Pfeffer
1 TL getrockneter Oregano
80 g geriebener Käse, 30 % Fett i. Tr.

1 Backofen auf 200° C (Gas: Stufe 3, Umluft: 180° C) vorheizen. Paprika waschen, entkernen und in Streifen schneiden. Mais abgießen. Oliven in Ringe schneiden. Schinken fein würfeln. Mehl, Mandelmehl, Eier, Hüttenkäse, Milch, Paprika, Oliven, Mais und Schinken mit Salz, Pfeffer und Oregano vermischen.

2 Eine flache Auflaufform (ca. 20 x 30 cm) mit Backpapier auslegen, Pizzamasse einfüllen, mit Käse bestreuen und im Backofen auf mittlerer Schiene ca. 25 Minuten backen. Pizza in Stücke schneiden und servieren.

Martins Tipp

Köstlich! Der Name sagt alles, die leckere Pizza ist im Handumdrehen fertig. Das Rezept macht Lust auf weitere kreative Varianten – das Rezept werde ich bestimmt noch oft zubereiten.

Martins
Lieblingsrezept

Gebackene Paprika mit Chorizo & Halloumi

Zubereitungszeit 15 Min. Garzeit 15 Min.

8-15

517 kcal | 2164 kJ

Für 4 Personen
3 rote Paprika
1 rote Zwiebel
1 unbehandelte Zitrone
120 g Halloumi, 45 % Fett i. Tr.
80 g Chorizo
3 Zweige Thymian
2 TL Olivenöl
2 TL Paprikapulver
Salz, Pfeffer
1 Dose Kichererbsen (265 g Abtropfgewicht)
200 g trockener Vollkorncouscous
300 ml heiße Gemüsebrühe (1 1/2 TL Instantpulver)
2 EL gehackte Minze
2 EL gehackte glatte Petersilie

1 Backofen auf 220° C (Gas: Stufe 4, Umluft: 200° C) vorheizen. Paprika waschen, entkernen und in Streifen schneiden. Zwiebel schälen und in Spalten schneiden. Zitrone waschen und in Spalten schneiden. Halloumi würfeln und Chorizo in Scheiben schneiden. Thymian waschen, trocken schütteln und hacken.

2 Paprika, Zwiebeln, 3 Zitronenspalten, Halloumi, Chorizo und Thymian auf einem mit Backpapier ausgelegten Backblech verteilen und mit Öl, Paprikapulver, Salz und Pfeffer vermischen. Im Backofen auf mittlerer Schiene ca. 15 Minuten backen, dabei nach der Hälfte der Garzeit wenden.

3 Für den Kichererbsen-Couscous Kichererbsen abspülen und abtropfen lassen. Kichererbsen und Couscous mit Brühe übergießen und abgedeckt ca. 10 Minuten ziehen lassen. Restliche Zitronenspalten auspressen. Couscous mit einer Gabel auflockern, mit Minze, 1 EL Petersilie und Zitronensaft vermischen und mit Salz und Pfeffer würzen. Kichererbsen-Couscous in Schüsseln füllen, Gemüse, Chorizo und Halloumi darauf verteilen und mit restlicher Petersilie garniert servieren.

Zoodles à la Carbonara

Zubereitungszeit 10 Min. Garzeit 10 Min.

5

211 kcal | 884 kJ

Für 2 Personen

2 Zucchini
1 Knoblauchzehe
125 g magere Schinkenwürfel
1/4 TL getrockneter Salbei
120 g Frischkäse, bis 5 % Fett absolut
2 EL geriebener Parmesan
Salz, Pfeffer

1 Zucchini waschen und mit einem Spiralschneider in dünne Spiralen schneiden. Knoblauch pressen. Eine Pfanne auf mittlerer Stufe erhitzen und Schinken darin fettfrei ca. 3 Minuten rundherum anbraten.

2 Zucchinispiralen, Knoblauch und Salbei dazugeben und 5–7 Minuten mitbraten. Frischkäse und Parmesan unterrühren, mit Salz und Pfeffer würzen und Zoodles servieren.

WW Gemüse-Spiralschneider

Mit unserem praktischen Spiralschneider zauberst du im Handumdrehen gesunde, leichte Gemüsenudeln. Erhältlich im WW Studio oder unter wwshop.de.

Jetzt Video zu Küchentipp entdecken:
Gemüsenudeln mit dem WW Spiralschneider herstellen

Sesam-Hähnchen mit Broccoli

Zubereitungszeit 15 Min. Garzeit 15 Min.

4-6

299 kcal | 1253 kJ

Für 2 Personen
250 g Hähnchenbrustfilet
3 TL Sesamöl
1 Broccoli
1 Stück Ingwer (ca. 3 cm)
2 Knoblauchzehen
250 ml Geflügelfond
2 EL Sojasauce
1 EL Tomatenmark
2 TL brauner Zucker
2 TL Sambal Oelek
2 TL Maismehl
2 Frühlingszwiebeln

1 Hähnchenbrustfilet trocken tupfen und in ca. 2 cm große Würfel schneiden. 2 TL Öl in einem Wok auf hoher Stufe erhitzen, Hähnchen darin 2–3 Minuten rundherum anbraten und herausnehmen.

2 Broccoli waschen und in Röschen teilen. Ingwer schälen und fein reiben. Restliches Öl im Wok auf mittlerer Stufe erhitzen und Ingwer darin ca. 1 Minute anbraten. Knoblauch dazupressen und ca. 1 Minute mitbraten. Broccoli zufügen und ca. 2 Minuten anbraten. Mit Fond ablöschen und mit Deckel ca. 5 Minuten garen.

3 Sojasauce, Tomatenmark, Zucker, Sambal Oelek und Maismehl verrühren. Hähnchen mit Sauce in den Wok geben und unter gelegentlichem Rühren ca. 3 Minuten garen. Frühlingszwiebeln waschen und in feine Ringe schneiden. Sesam-Hähnchen mit Frühlingszwiebeln bestreuen und servieren.

One-Pot-Jägerspätzle mit Bratwurst

Zubereitungszeit 10 Min.   Garzeit 25 Min.

10

390 kcal | 1632 kJ

Für 2 Personen

1 Zwiebel
250 g braune Champignons
1 Kohlrabi (ca. 250 g)
1 Geflügelbratwurst (100 g)
1 TL Rapsöl
200 ml Gemüsebrühe
(1 TL Instantpulver)
200 g Spätzle (Frischprodukt)
75 g Kräuterfrischkäse,
bis 5 % Fett absolut
Salz, Pfeffer
1 EL gehackte Petersilie

1 Zwiebel schälen und in Würfel schneiden. Champignons trocken abreiben und in Scheiben schneiden. Kohlrabi schälen und in Würfel schneiden. Bratwurst in Scheiben schneiden. Öl in einer Pfanne auf mittlerer Stufe erhitzen, Bratwurst darin ca. 5 Minuten rundherum braten und herausnehmen.

2 Zwiebeln und Champignons im Bratensatz ca. 3 Minuten anbraten. Kohlrabi zufügen, ca. 2 Minuten mitbraten, Brühe angießen und ca. 10 Minuten garen. Spätzle dazugeben und weitere ca. 5 Minuten mit Deckel garen. Frischkäse unterrühren, Bratwurst zugeben, mit Salz und Pfeffer abschmecken und mit Petersilie garniert servieren.

Fischsuppe mit gebackenen Bohnen

Zubereitungszeit 10 Min. Garzeit 20 Min.

4-8

336 kcal | 1405 kJ

Für 4 Personen
2 Dosen weiße Bohnen (à 255 g Abtropfgewicht)
2 Knoblauchzehen
2 EL Olivenöl
1 TL gehackter Thymian
400 g Seelachsfilet
1 Zwiebel
1 große Zucchini
1 Stange Lauch
1 Liter Gemüsebrühe (4 1/2 TL Instantpulver)
75 g Crème légère
1 EL Zitronensaft
Salz, Pfeffer

1 Backofen auf 200° C (Gas: Stufe 3, Umluft: 180° C) vorheizen. Bohnen abspülen und abtropfen lassen. Für die gebackenen Bohnen 1 Knoblauchzehe pressen, mit 200 g Bohnen, 1 EL Öl und Thymian auf einem mit Backpapier ausgelegten Backblech vermischen und im Backofen auf mittlerer Schiene 15–20 Minuten backen.

2 Seelachsfilet abspülen, trocken tupfen und in Würfel schneiden. Zwiebel schälen und fein würfeln. Zucchini waschen und in Würfel schneiden. Lauch waschen und in Ringe schneiden. Restlichen Knoblauch pressen.

3 Restliches Öl in einem Topf auf mittlerer Stufe erhitzen, Knoblauch und Zwiebeln darin ca. 3 Minuten andünsten, Zucchini und Lauch dazugeben, mit Brühe ablöschen und aufkochen. Seelachsfilet, restliche Bohnen und Crème légère zufügen und 12–15 Minuten köcheln lassen. Suppe mit Zitronensaft verfeinern, mit Salz und Pfeffer würzen und mit gebackenen Bohnen servieren.

Mu-Shu-Schweinefleisch

Zubereitungszeit 15 Min. Garzeit 15 Min.

5

244 kcal | 1021 kJ

Für 4 Personen
1 Stück Ingwer (ca. 1 cm)
1 Knoblauchzehe
80 ml Hoisinsauce
2 TL Sesamöl
1 EL Reisessig
1 TL Sambal Oelek
1/2 Rotkohl (ca. 350 g)
2 große Karotten
6 Frühlingszwiebeln
500 g Schweinefilet
Salz, Pfeffer
1 TL Rapsöl
100 g Shiitake Pilze

1 Für die Sauce Ingwer schälen, mit Knoblauch fein hacken und mit Hoisinsauce, Sesamöl, Essig und Sambal Oelek verrühren. Rotkohl putzen, halbieren, den Strunk entfernen und Kohl in feine Streifen schneiden. Karotten schälen und grob raspeln. Frühlingszwiebeln waschen und in feine Ringe schneiden.

2 Schweinefilet trocken tupfen, in Streifen schneiden und mit Salz und Pfeffer würzen. Rapsöl in einem Wok auf hoher Stufe erhitzen, Schweinefilet darin 3–5 Minuten rundherum anbraten und herausnehmen.

3 Pilze trocken abreiben, in Scheiben schneiden und im Bratensatz ca. 3 Minuten braten. Rotkohl, Karotten und Sauce dazugeben und ca. 3 Minuten mitbraten. Schweinefilet und die Hälfte der Frühlingszwiebeln zufügen und unterrühren. Mu-Shu-Schweinefleisch mit restlichen Frühlingszwiebeln bestreuen und servieren.

Sofa Snacks

Cremiger Couscous mit Obst und Nussmus

Zubereitungszeit 10 Min. Garzeit 5 Min.

8–11

309 kcal | 1291 kJ

Für 2 Personen

1 süßlicher Apfel (z. B. Gala)
100 g kernlose helle und dunkle Weintrauben
175 ml Haferdrink
80 g trockener Couscous
1/2 TL Zimt
1 TL Vanillezucker
2 TL Mandelmus

1 Apfel waschen, vierteln, entkernen und in dünne Spalten schneiden. Weintrauben waschen und halbieren. 160 ml Haferdrink in einem Topf auf hoher Stufe aufkochen, Couscous einrühren und auf niedriger Stufe ca. 5 Minuten quellen lassen.

2 Couscous mit 1 Msp. Zimt und Vanillezucker verfeinern und auf 2 Schüsseln verteilen. Mandelmus mit restlichem Mandeldrink glatt rühren. Couscous mit Mandelmus, Äpfeln und Trauben garnieren und mit restlichem Zimt bestäubt servieren. Restliches Obst dazu servieren.

Guten Morgen!

Cremiger Couscous ist auch super fürs Frühstück. Doppelte Menge zubereiten und am nächsten Morgen mit Joghurt und Obst genießen. Eignet sich auch zum Mitnehmen.

Chocolate Chai

Zubereitungszeit 5 Min. Ziehzeit 10 Min.

7

178 kcal | 743 kJ

Für 4 Personen
1 Liter fettarme Milch
3 EL Kakaopulver
25 g Zucker
6 Kardamom-Kapseln
3 Zimtstangen
1 TL gemahlener Ingwer
4 Pfefferkörner

1 Milch in einem Topf auf mittlerer bis hoher Stufe erhitzen und Kakaopulver und Zucker einrühren. Kardamom-Kapseln aufbrechen. 2 Zimtstangen längs halbieren und beiseitestellen. Restliche Zimtstange in Stücke brechen und mit Ingwer, Kardamom-Kapseln und Pfeffer zur Milch geben.

2 Milch auf niedriger Stufe ca. 10 Minuten ziehen lassen. Chocolate Chai über ein Sieb in 4 Tassen oder Becher füllen und mit restlichen Zimtstangen garniert servieren.

Chocolate Classic

Für eine klassische Version einfach einen Teebeutel mit Schwarztee während der Ziehzeit zufügen.

Buchweizenblinis mit Currycreme

Zubereitungszeit 10 Min. Garzeit 15 Min.

1

50 kcal | 209 kJ

Für 14 Stück
100 g Buchweizenmehl
1 Msp. Backpulver
100 ml fettarme Milch
1 Ei (Größe M)
Salz, Pfeffer
1 kleine rote Zwiebel
1 Mini-Gurke
150 g Magerquark
1 EL Mineralwasser
1 EL Schnittlauchringe
1 TL Curry
2 TL Rapsöl

1 Mehl, Backpulver, Milch, Ei und 1 Prise Salz zu einem glatten Teig verrühren. Zwiebel schälen und sehr fein würfeln. Gurke waschen und fein würfeln. Für die Creme Quark mit Wasser, Zwiebeln, Gurken, Schnittlauch und Curry verrühren und mit Salz und Pfeffer abschmecken.

2 Öl portionsweise in einer Pfanne auf mittlerer Stufe erhitzen und aus dem Teig darin nacheinander 14 kleine Blinis backen, dabei ca. 3 Minuten von jeder Seite braten. Blinis mit Currycreme bestreichen und servieren.

Gebrannte Gewürz-Nüsse

Zubereitungszeit 5 Min. Garzeit 5 Min.
Kühlzeit 10 Min.

7

186 kcal | 778 kJ

Für 4 Personen
50 ml Wasser
2 EL Zucker
1/2 TL Zimt
1 Msp. gemahlene Nelken
1 Msp. gemahlener Kardamom
1 Msp. gemahlener Ingwer
50 g Mandeln
25 g Walnüsse
25 g Cashewnüsse

1 Wasser mit Zucker und Gewürzen in einer Pfanne auf mittlerer Stufe aufkochen. Nüsse zugeben und unter Rühren 5–8 Minuten karamellisieren. Nüsse auf Backpapier verteilen und ca. 10 Minuten abkühlen lassen. Guten Appetit!

To-Go

Die Gewürz-Nüsse eignen sich auch wunderbar zum Mitnehmen für einen Sofa-Abend mit Freunden.

Frozen Schoko-Himbeer-Joghurt

Zubereitungszeit 10 Min. Gefrierzeit 6 Std.

1

40 kcal | 169 kJ

Für 16 Stücke
500 g griechischer Joghurt, Natur, bis 0,2 % Fett
3 EL Honig
250 g Himbeeren
3 EL Kakaopulver
1 TL Zartbitter-Raspelschokolade

1 Joghurt und Honig verrühren. Himbeeren waschen und trocken tupfen. 125 g Himbeeren mit einem Löffel zerdrücken und mit der Hälfte des Joghurts marmorieren. Restlichen Joghurt mit Kakaopulver verrühren.

2 Himbeerjoghurt in einer flachen, mit Backpapier ausgelegten Auflaufform (ca. 20 x 30 cm) verstreichen, Schokojoghurt darüber verteilen und marmorieren. Restliche Himbeeren und Raspelschokolade darüber geben und ca. 6 Stunden gefrieren lassen. Frozen Schoko-Himbeer-Joghurt in 16 Stücke brechen und eiskalt genießen.

Martins
Lieblingsrezept

Bananen-Schoko-Mini-Muffins

Zubereitungszeit 15 Min. Garzeit 15 Min.

2-3

65 kcal | 273 kJ

Für 24 Stück
1 TL Halbfettmargarine
100 g Mehl
70 g Vollkornmehl
1 EL Backpulver
1 reife Banane
60 ml fettarme Milch
150 g griechischer Joghurt, Natur, bis 0,2 % Fett
1 Ei (Größe M)
50 g brauner Zucker
2 TL Vanillezucker
80 g Zartbitter-Schokodrops

1 Backofen auf 180° C (Gas: Stufe 2, Umluft: 160° C) vorheizen. 24 Mulden eines Mini-Muffinblechs mit Margarine fetten. Mehl mit Backpulver mischen. Banane schälen und mit einer Gabel zerdrücken. Milch, Joghurt und Ei verquirlen und mit Zucker, Banane und Vanillezucker verrühren. Mehlmischung und 70 g Schokodrops dazugeben und zu einem Teig verrühren.

2 Teig in die Muffinmulden füllen, restliche Schokodrops darauf verteilen und im Backofen auf mittlerer Schiene ca. 15 Minuten backen. Muffins direkt genießen oder nach dem Abkühlen gut verpacken.

Martins Tipp

Die Muffins sind ohne viel Aufwand zubereitet und eignen sich ideal für eine gemütliche Kaffeerunde. Anstatt 24 Mini-Muffins habe ich 12 normale Muffins gebacken und noch zusätzlich mit Puderzucker bestreut.

Wellness-Shake mit Cashewmus

Zubereitungszeit 5 Min.

8

259 kcal | 1083 kJ

Für 1 Person
1 Banane
200 ml entrahmte Milch
1 EL Cashewmus
1 TL Kakaopulver

1 Banane schälen und mit Milch, Cashewmus und 1/2 TL Kakaopulver fein pürieren. Wellness-Shake mit restlichem Kakaopulver bestäubt servieren.

Clever!

Statt Cashewmus können auch eingeweichte Cashews verwendet werden. Dafür 1 EL Cashewnüsse mit kochendem Wasser übergießen, kurz ziehen lassen, das Wasser abgießen und die Cashews mit Milch, Banane und Kakaopulver pürieren.

Flammkuchen mit Birne und Schinken

Zubereitungszeit 10 Min. Garzeit 20 Min.

4-5

151 kcal | 631 kJ

Für 8 Stücke

1 Birne
100 g Frischkäse, bis 5 % Fett absolut
2 TL Sahnemeerrettich
1 Packung Flammkuchenteig (Frischprodukt, 260 g)
4 Scheiben roher Schinken
Salz, Pfeffer
40 g geriebener Parmesan
2 TL Schnittlauchringe

1 Backofen auf 180° C (Gas: Stufe 2, Umluft: 160° C) vorheizen. Birne waschen, vierteln, entkernen und in dünne Spalten schneiden. Frischkäse mit Meerrettich verrühren. Flammkuchenteig entrollen, samt Backpapier auf ein Backblech geben und mit Frischkäse-Meerrettich-Creme bestreichen.

2 Schinken in Streifen schneiden. Teig mit Birnen und Schinken belegen, mit Salz und Pfeffer würzen und mit Parmesan bestreuen. Flammkuchen im Backofen auf mittlerer Schiene ca. 20 Minuten backen, in 8 Stücke schneiden und mit Schnittlauch bestreut servieren.

Martins Tipp

Ein tolles Geschmackserlebnis – die süße Birne schmeckt in Kombination mit dem Schinken sensationell.

Süße Brezelbruschetta

Zubereitungszeit 10 Min. Garzeit 5 Min.

2

61 kcal | 257 kJ

Für 8 Stücke
1 Laugenstange
1/4 Ananas (ca. 200 g)
1 EL Zucker
4 EL Magerquark
1 Prise Vanillepulver
1 TL gehackte Zitronenmelisse (alternativ Minze)

1 Enden der Laugenstange abschneiden und beiseitestellen. Restliche Laugenstange in 8 Scheiben schneiden und rösten. Ananas schälen, den Strunk entfernen und Ananas würfeln. Zucker in einer Pfanne auf mittlerer Stufe schmelzen und Ananas darin ca. 5 Minuten karamellisieren.

2 Quark mit Vanillepulver verrühren und Laugenstange damit bestreichen. Laugenstangenenden zerbröseln. Ananas und Laugenbrösel auf dem Quark verteilen, mit Zitronenmelisse bestreuen und servieren.

Jetzt Video zu Küchentipp entdecken:
Ananas einfach schälen

Knusprige grüne Bohnen mit Tomaten-Chili-Dip

Zubereitungszeit 10 Min. Garzeit 15 Min.

5-6

250 kcal | 1048 kJ

Für 2 Personen
1 rote Chilischote
150 g passierte Tomaten (Konserve)
1 EL Tomatenmark
1 EL dunkler Balsamicoessig
Salz, Pfeffer
250 g grüne Bohnen
75 g trockene Polenta (Maisgrieß)
2 TL Knoblauchpulver
1 Ei (Größe M)

1 Backofen auf 220° C (Gas: Stufe 4, Umluft: 200° C) vorheizen. Chilischote waschen, entkernen und fein würfeln. Tomaten, Tomatenmark, Chili und Essig in einem Topf auf mittlerer Stufe ca. 5 Minuten köcheln lassen und mit Salz und Pfeffer abschmecken.

2 Bohnen waschen und die Enden abschneiden. Polenta, Knoblauchpulver, Salz und Pfeffer in einem tiefen Teller vermischen. Ei in einem weiteren tiefen Teller mit Salz und Pfeffer verquirlen. Bohnen zuerst in Eiermischung und danach in Polentamischung wenden.

3 Bohnen auf einem mit Backpapier ausgelegten Backblech verteilen und im Backofen auf mittlerer Schiene ca. 15 Minuten backen, dabei nach ca. 10 Minuten wenden. Bohnen mit Tomaten-Chili-Dip servieren.

Register nach Alphabet

A

Aprikosenhähnchen mit Spitzkohlgemüse 42

B

Bananen-Schoko-Mini-Muffins 97
Bohnen mit Tomaten-Chili-Dip, knusprige grüne 105
Brezelbruschetta, süße 102
Brotsalat mit Mozzarella und getrockneten Tomaten 29
Buchweizenblinis mit Currycreme 90

C

Caesarsalat mit Stremellachs 25
Chocolate Chai 89
Couscous mit Obst und Nussmus, cremiger 86
Curry mit Tofu, goldenes 62

D

Delikatessbrötchen 10

F

Feierabendsuppe 66
Fischfrikadellen, thailändische 65
Fischsuppe mit gebackenen Bohnen 81
Flammkuchen mit Birne und Schinken 101
Frozen Schoko-Himbeer-Joghurt 94

G

Gazpacho mit Grillpaprika-Topping, grüne 13
Geflügel-Apfel-Wraps mit Gouda 34
Gemüsecurry mit Wirsing 45
Gewürz-Nüsse, gebrannte 93
Gnocchi-Spinat-Auflauf mit Pute 58

K

Kiwi-Toast mit Putenbrust 18
Kritharaki-Salat, griechischer 37

L

Lachs-Avocado-Sandwich 38
Linsen-Tomaten-Suppe, wärmende 50

M

Mais-Thunfisch-Salat mit Himbeerdressing 33
Manchego-Avocado-Wraps 14
Mango-Serrano-Carpaccio 21
Mu-Shu-Schweinefleisch 82

O

Obazda-Schnitten mit Radi-Apfel-Salat 30
Ofenfisch mit Romanesco-Bohnen-Püree 54
Omelette mit Ofengemüse 46
One-Pot-Jägerspätzle mit Bratwurst 78

P

Paprika mit Chorizo & Halloumi, gebackene 73
Pizza All-In, schnelle 70
Pumpernickel-Happen 26

R

Reispfanne, mexikanische 53
Rote-Bete-Tacos mit Guacamole und Garnelen 61

S

Salat mit Pilz-Schinken-Dressing 17
Sesam-Hähnchen mit Broccoli 77
Sesamtofu mit Kimchi, knuspriger 57
Spaghetti mit Tomaten-Hähnchen-Sauce und Gurkensalat 69
Spiegelei-Stulle mit karamellisierten Zwiebeln 22

W

Wellness-Shake mit Cashewmus 98

Z

Zitronen-Kräuter-Thunfisch 49
Zoodles à la Carbonara 74

Register nach Zutaten und Stichworten

Asiatisch

Curry mit Tofu, goldenes 62
Fischfrikadellen, thailändische 65
Gemüsecurry mit Wirsing 45
Mu-Shu-Schweinefleisch 82
Sesam-Hähnchen mit Broccoli 77
Sesamtofu mit Kimchi, knuspriger 57

Brot, Pita, Wraps & Co.

Brezelbruschetta, süße 102
Delikatessbrötchen 10
Flammkuchen mit Birne und Schinken 101
Geflügel-Apfel-Wraps mit Gouda 34
Kiwi-Toast mit Putenbrust 18
Lachs-Avocado-Sandwich 38
Manchego-Avocado-Wraps 14
Obazda-Schnitten mit Radi-Apfel-Salat 30
Pumpernickel-Happen 26
Rote-Bete-Tacos mit Guacamole und Garnelen 61
Spiegelei-Stulle mit karamellisierten Zwiebeln 22

Fisch & Meeresfrüchte

Caesarsalat mit Stremellachs 25
Fischfrikadellen, thailändische 65
Fischsuppe mit gebackenen Bohnen 81
Lachs-Avocado-Sandwich 38
Mais-Thunfisch-Salat mit Himbeerdressing 33
Ofenfisch mit Romanesco-Bohnen-Püree 54
Rote-Bete-Tacos mit Guacamole und Garnelen 61
Zitronen-Kräuter-Thunfisch 49

Fleisch, Schinken & Co.

Aprikosenhähnchen mit Spitzkohlgemüse 42
Delikatessbrötchen 10
Flammkuchen mit Birne und Schinken 101
Geflügel-Apfel-Wraps mit Gouda 34
Gnocchi-Spinat-Auflauf mit Pute 58
Kiwi-Toast mit Putenbrust 18
Mango-Serrano-Carpaccio 21
Mu-Shu-Schweinefleisch 82
One-Pot-Jägerspätzle mit Bratwurst 78
Paprika mit Chorizo & Halloumi, gebackene 73
Pizza All-In, schnelle 70
Pumpernickel-Happen 26
Reispfanne, mexikanische 53
Salat mit Pilz-Schinken-Dressing 17
Sesam-Hähnchen mit Broccoli 77
Spaghetti mit Tomaten-Hähnchen-Sauce und Gurkensalat 69
Zoodles à la Carbonara 74

Glutenfrei

Bohnen mit Tomaten-Chili-Dip, knusprige grüne 105
Chocolate Chai 89
Frozen Schoko-Himbeer-Joghurt 94
Gazpacho mit Grillpaprika-Topping, grüne 13
Gewürz-Nüsse, gebrannte 93
Spaghetti mit Tomaten-Hähnchen-Sauce und Gurkensalat 69
Zitronen-Kräuter-Thunfisch 49

Nudeln & Reis

Curry mit Tofu, goldenes 62
Feierabendsuppe 66

Gemüsecurry mit Wirsing 45
Kritharaki-Salat, griechischer 37
One-Pot-Jägerspätzle mit Bratwurst 78
Reispfanne, mexikanische 53
Spaghetti mit Tomaten-Hähnchen-Sauce und Gurkensalat 69

Nüsse & Kerne

Couscous mit Obst und Nussmus, cremiger 86
Delikatessbrötchen 10
Gazpacho mit Grillpaprika-Topping, grüne 13
Gewürz-Nüsse, gebrannte 93
Salat mit Pilz-Schinken-Dressing 17
Sesam-Hähnchen mit Broccoli 77
Sesamtofu mit Kimchi, knuspriger 57
Wellness-Shake mit Cashewmus 98

Salate

Brotsalat mit Mozzarella und getrockneten Tomaten 29
Caesarsalat mit Stremellachs 25
Kritharaki-Salat, griechischer 37
Mais-Thunfisch-Salat mit Himbeerdressing 33
Salat mit Pilz-Schinken-Dressing 17

Suppen & Curries

Curry mit Tofu, goldenes 62
Feierabendsuppe 66
Fischsuppe mit gebackenen Bohnen 81
Gazpacho mit Grillpaprika-Topping, grüne 13
Gemüsecurry mit Wirsing 45
Linsen-Tomaten-Suppe, wärmende 50

Vegan

Couscous mit Obst und Nussmus, cremiger 86
Curry mit Tofu, goldenes 62
Feierabendsuppe 66
Gazpacho mit Grillpaprika-Topping, grüne 13
Gemüsecurry mit Wirsing 45
Gewürz-Nüsse, gebrannte 93

Vegetarisch

Bananen-Schoko-Mini-Muffins 97
Bohnen mit Tomaten-Chili-Dip, knusprige grüne 105
Brezelbruschetta, süße 102
Brotsalat mit Mozzarella und getrockneten Tomaten 29
Buchweizenblinis mit Currycreme 90
Chocolate Chai 89
Frozen Schoko-Himbeer-Joghurt 94
Kritharaki-Salat, griechischer 37
Linsen-Tomaten-Suppe, wärmende 50
Manchego-Avocado-Wraps 14
Obazda-Schnitten mit Radi-Apfel-Salat 30
Omelette mit Ofengemüse 46
Sesamtofu mit Kimchi, knuspriger 57
Spiegelei-Stulle mit karamellisierten Zwiebeln 22
Wellness-Shake mit Cashewmus 98

vegetarisch · vegan

glutenfrei · laktosefrei · nussfrei

Die Kennzeichnung wie zum Beispiel „gluten-“, „laktose-“ oder „nussfrei“ bei den Rezepten ist rein informativ und nicht verbindlich. Es liegt in der persönlichen Verantwortung zu prüfen, ob die verwendeten Lebensmittel die Anforderungen erfüllen.

Impressum

Herausgeber & Redaktion
WW (Deutschland) GmbH
Claudia Braun, Iris Hermann

Rezepte & Realisierung
Geschmackswerk UG
Silke Höpker, Nathalie Döscher, Tanja Tyralla

Fotografie & Styling
Carsten Eichner, Meike Graf, Christine Mähler,
WW International

Foodstyling
Marion Swoboda, WW International

Bildnachweise
WW International
Getty Images S. 8, 40, 84

Gestaltungskonzept & Grafik
Geschmackswerk UG, Petra Penker

Druck
paffrath print & medien GmbH

WW (Deutschland) GmbH
ww.com
Info-Hotline 0211-36874236
SKU: 402424
ISBN: 978-3-9822975-5-2

1. Auflage 2022

Wir freuen uns auf deine Bewertung dieses Kochbuchs unter:
wwshop.de oder schicke uns eine
E-Mail an leserservice@ww.com

Zeigt uns eure Rezeptfotos!
Jetzt auf Instagram posten:
#wwkochbuch